CONTENTS

목차

활용가이드

구성

• 본문말씀 / 6컷 만화

성경 이야기를 올바르게 이해하기 위해 성경을 찾아 천천히 읽습니다. 공과의 내용을 뚜렷하게 알려주는 중심 구절도 반복해서 읽고 묵상하도록 합니다. 본문 말씀의 핵심이 되는 6컷 만화는 역할을 맡아 읽거나 플래시 애니메이션을 보면 더욱 재미있게 읽을 수 있습니다. 만화 속에서는 말씀 다지기의 답(빨간 글씨)도 찾을 수 있도록 표시되어 있습니다.

TIP 교사용 스토리 카드와 함께 사용하시면 한 장씩 스토리 카드를 제시함으로써 학생의 집중력을 높이고 더욱 풍성한 내용으로 스토리를 이끌어 나가실 수 있습니다.

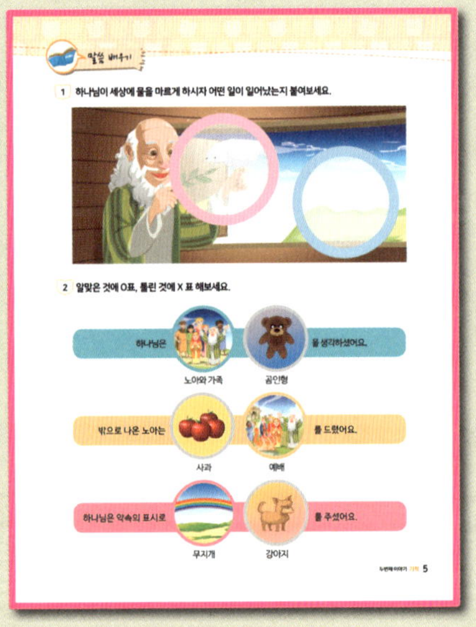

• 말씀배우기

읽고 쓰기가 어려운 학생들을 위한 질문입니다. 스티커 붙이기, 알맞은 것에 O표, 틀린 것에 X표 하기, 따라쓰기의 질문으로 구성되어 있어 성경말씀에 쉽게 접근할 수 있습니다. 질문은 수준별로 나뉘어 있어 학생 수준에 따라 학생이 풀 수 있는 질문까지 풀도록 합니다.

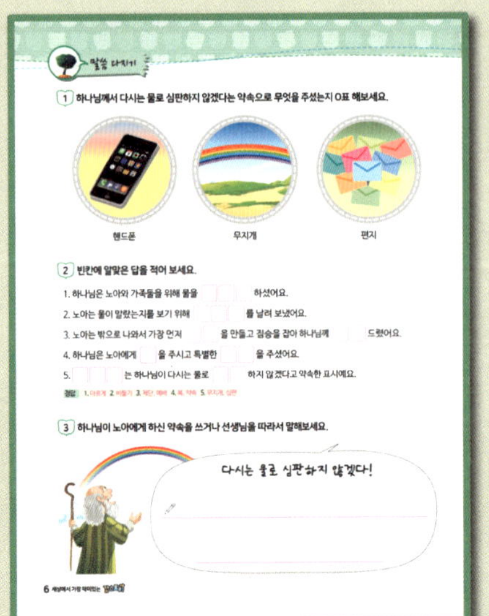

• 말씀다지기

읽고 쓰기가 가능한 학생들을 위한 질문입니다. 질문을 읽고 알맞은 답에 O표 하기, 빈칸에 답 적기, 장문 쓰기로 구성되어 있어 심화된 수준으로 성경말씀에 접근할 수 있습니다. 질문은 수준별로 나뉘어 있어 학생 수준에 따라 풀 수 있는 질문까지 풀도록 하되, 학생의 특성과 능력에 따라 정답을 보고 따라 적거나 말하는 방법으로 풀이방법을 대체하여 학생이 더욱 적극적으로 참여하도록 합니다.

구성

• 활동하기

미로찾기, 색칠하기, 색종이 찢어 붙이기, 점 이어 그리기 등 다양한 활동들로 핵심 내용을 학습하도록 구성하였습니다. 학생들의 수준에 따라 활동의 난이도를 교사가 조절하여 학습능력을 최대로 이끌어 줄 수 있도록 구성하였습니다. 갓스토리의 활동하기는 부드러운 색조를 사용하여 최고의 학습 효과를 이끌어 냅니다.

• 특별활동

4과, 9과, 13과에는 특별활동으로 구성되어 공과를 지루하지 않도록 이끌어 줍니다.(털옷 만들기, 놋뱀과 십자가 만들기, 팝업북 만들기) 해당 과의 중심된 내용으로 구성하여 학생들이 핵심 단어나 내용을 마음으로 이해할 수 있도록 오감을 자극하는 만들기로 구성하였습니다. 한 번 만들고 버리지 않는 한장연의 아주 특별하고 재미있는 활동으로 공과를 진행합니다.

TIP 교사용 교재에서 특별활동 방법 및 추천 연결활동을 확인하실 수 있습니다.

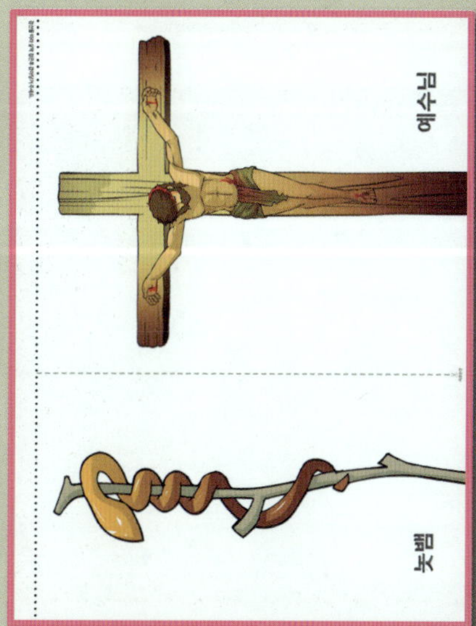

• 말씀따르기 / 기도하기

학습한 내용을 일상생활에 적용하도록 학생과 약속하는 시간입니다. 말씀 따르기가 예배시간 외의 시간과 장소에서도 이루어질 수 있도록 함께 다짐하고 점검하도록 합니다. 그리고 생활에 적용을 위해 그 날에 배운 공과를 기억하고 하나님 말씀대로 살 수 있도록 기도문을 함께 읽고 기도하며 공과를 마칩니다. 마무리와 함께 학생을 향한 교사의 격려와 응원을 덧붙인다면 최고의 공과가 될 것입니다.

1과 홍수에서 살아난 기적!

본문말씀 : 창세기 8장~9장

중심구절 : 하나님께서 노아와 그의 아들들에게 복을 주시며 말씀하셨습니다. "자녀를 많이 낳고 번성해 땅에 가득하여라." (창세기 9장 1절)

① 하나님은 노아와 가족들을 생각하셨어요. 그리고 세상에 가득했던 물을 마르게 하셨어요.
아버지! 밖을 보세요! 물이 거의 말랐어요!
물이 다 말랐는지 비둘기를 밖으로 날려 보내야겠구나.

② 비둘기가 올리브 나뭇잎을 물고 돌아왔어요. 노아는 그것을 보고 땅의 물이 마른 것을 알았어요.
비둘기가 나뭇잎을 물고 온 걸 보니 땅에 물이 완전히 말랐구나.
우와~ 나뭇잎이다! 아버지! 이제 밖에 나갈 수 있는 거예요?

③ 그때 하나님이 노아에게 말씀하셨어요.
노아야! 이제 방주에서 나와 땅 위에서 행복하게 살아라!
네, 하나님. 감사합니다!

④ 노아는 밖으로 나와 제단을 만들고 짐승과 새를 잡아 하나님께 예배를 드렸어요.
하나님, 감사합니다. 우리의 예배를 받아주세요!
하나님, 감사합니다! 앞으로 하나님만 믿으며 살겠습니다.

하나님은 착한 노아에게 복을 주시고 특별한 약속을 해 주셨어요.
내가 다시는 홍수를 내려 세상에 있는 것들을 없애 버리지 않겠다. 노아야! 저 '무지개'는 내가 다시는 물로 심판하지 않겠다는 약속의 표시다.
하나님. 감사합니다!

⑥ 하나님은 오직 착한 노아와 그 가족만 살려주시고 행복하게 살도록 하셨어요.
네, 아버지! 오직 하나님 말씀 잘 듣고 착하게 살겠습니다.
하나님이 우리 가족 보호해 주셨구나. 너희들은 하나님께 순종하며 착하게 살아야 한다!

단어 풀이 자녀 아들과 딸 | 번성 많이 늘어나는 것

말씀 배우기

1 하나님이 세상에 물을 마르게 하시자 어떤 일이 일어났는지 붙여보세요.

2 알맞은 것에 O표, 틀린 것에 X표를 해보세요.

하나님은   을 생각하셨어요.

노아와 가족 / 곰인형

밖으로 나온 노아는   를 드렸어요.

사과 / 예배

하나님은 약속의 표시로   를 주셨어요.

무지개 / 강아지

말씀 다지기

1 하나님께서 다시는 물로 심판하지 않겠다는 약속으로 무엇을 주셨는지 O표 해보세요.

핸드폰

무지개

편지

2 빈칸에 알맞은 답을 적어 보세요.

1. 하나님은 노아와 가족들을 위해 물을 ☐☐☐ 하셨어요.
2. 노아는 물이 말랐는지를 보기 위해 ☐☐☐ 를 날려 보냈어요.
3. 노아는 밖으로 나와서 가장 먼저 ☐☐ 을 만들고 짐승을 잡아 하나님께 ☐☐ 드렸어요.
4. 하나님은 노아에게 ☐ 을 주시고 특별한 ☐☐ 을 주셨어요.
5. ☐☐☐ 는 하나님이 다시는 물로 ☐☐ 하지 않겠다고 약속한 표시예요.

정답 1. 마르게 2. 비둘기 3. 제단, 예배 4. 복, 약속 5. 무지개, 심판

3 하나님이 노아에게 하신 약속을 쓰거나 선생님을 따라서 말해보세요.

다시는 물로 심판하지 않겠다!

활동하기

1 7가지 색의 점을 이어서 무지개를 완성하고 색칠해보세요.

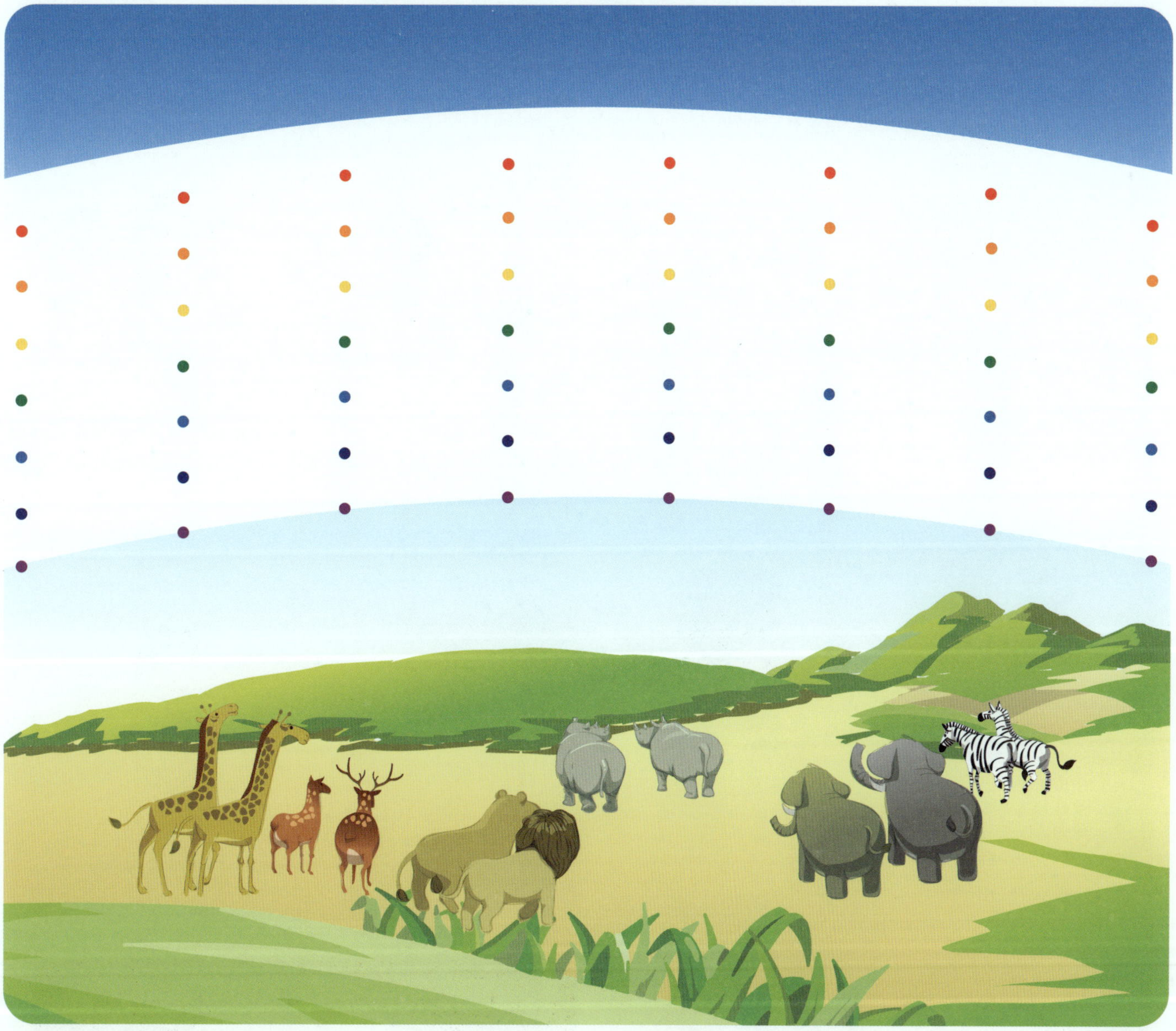

말씀 따르기

1. 하나님께서 나를 노아처럼 구원해 주신 것에 감사하는 편지를 써 보세요.
2. 노아와 가족들은 방주를 타서 구원 받았는데 나는 어떻게 구원 받았는지 이야기 해 보세요.

기도하기

하나님, 예수님을 통해서 구원해 주셔서 감사합니다. ◯◯(이)와 ◯◯(이)의 가족들 모두 구원받을 수 있도록 은혜를 베풀어 주세요. 예수님 이름으로 기도합니다. 아멘.

2과 나쁜 땅에서 구원받은 기적!① - 롯 이야기

본문말씀 : 창세기 13장 1절~13절
중심구절 : 아브람은 가나안 땅에 정착했고 롯은 평원의 성들에 정착해 소돔 가까이에 장막을 쳤습니다. (창세기 13장 2절)

이보게들!
저~기 많은 가축들이 보이는가?
모두 아브람과 롯의 것이라네!

❶ 아브람과 조카 롯은 가축과 은과 금이 많은 부자였어요.

같이 살기에
너무 좁다, 좁아!!
우리 소에게 물을 먹여야 되니
다른 곳으로 가보시오!

❷ 그런데 아브람과 롯의 가축을 돌보는 사람들이 매일 서로 싸웠어요.

이보게 롯! 가축들이 많으니
물이 많이 부족하네. 하지만
우리가 싸워서야 되겠는가.
떨어져서 사는게 좋겠네.
네, 삼촌!
우리 이제 헤어져서
살아요.

❸ 아브람은 조카인 롯과 헤어져서 살기로 결정했어요.

저는 모든 것이
넉넉한 소돔 땅에
가서 살고 싶어요.
그럼, 나는 서쪽
가나안 땅으로 가서 살겠다.
롯! 행복하거라!

❹ 롯은 풀 많고 물이 흐르는 좋은 소돔 땅을 선택하고 아브람과 헤어졌어요.

자식 귀여운데?
남자끼리 사귀어볼까?
어이~ 너 이리 와봐!
한잔 따라 봐.

❺ 롯이 소돔 땅에 와 보니 그곳 사람들은 나쁜 죄를 지으며 살고 있었어요.

어휴... 여보...
죄를 짓고 사는 것이
너무 힘들어요!
어휴~ 술 취한다! 인생은
이렇게 사는 거야! 히히히!
나랑 밤새 같이 놀자~

❻ 롯은 잘못 선택한 소돔 땅에서 나쁜 사람들과 함께 살았어요.

단어 풀이 정착 자리잡고 사는 것 | 평원 넓고 평평한 들판 | 장막 천으로 만든 집

말씀 배우기

1 **아브람과 롯이 어느 땅을 선택했는지 스티커를 붙여보세요.**

2 **알맞은 것에 O표, 틀린 것에 X표를 해보세요.**

아브람과 조카 롯은   였어요.

부자 거지

소돔사람은   살았어요.

착한 일을 하며 나쁜 죄를 지으며

롯은   을 선택했어요.

좋은 땅 메마른 땅

말씀 다지기

1 롯이 선택한 소돔 땅은 어떤 모습인지 O표 해보세요.

죄를 지었어요.

예배를 드렸어요.

찬양을 했어요.

2 빈칸에 알맞은 답을 적어 보세요.

1. 아브람과 조카 ☐ 은 부자였어요.
2. 아브람과 롯의 가축을 돌보는 사람들은 우물 때문에 매일 서로 ☐☐☐☐ .
3. 아브람과 롯은 ☐☐☐☐ 살기로 결정했어요.
4. 롯이 먼저 풀이 많고 물이 흐르는 ☐☐ 땅을 선택했어요.
5. 롯이 소돔에 와보니 그곳 사람들은 ☐ ☐ ☐ 를 지으며 살고 있었어요.

정답 1. 롯 2. 싸웠어요 3. 헤어져서 4. 소돔 5. 나쁜 죄

3 롯을 보고 느낀 점을 쓰거나 선생님을 따라서 말해보세요.

나는 하 나 님 이

기 뻐 하 시 는 일 들을

선택할 거예요!

활동하기

1 롯이 선택한 땅을 찾아가 보세요.

말씀 따르기

1. 내가 하고 싶은 일 중 하나님 보시기에 나쁜 일은 뭐가 있을지 생각해보고 이야기해보세요.
2. 친구들이 하니까 따라서 하고 있는 나쁜 일은 뭐가 있을지 생각해 보고 적어보세요.

기도하기

하나님. ◯◯(이)가 나쁜 것을 선택하지 않고, 하나님이 기뻐하시는 것을 선택할 수 있게 지혜를 주세요. 예수님 이름으로 기도합니다. 아멘.

3과 나쁜 땅에서 구원받은 기적!② - 소돔과 고모라

본문말씀 : 창세기 19장 1절~29절

중심구절 : 그러자 여호와께서 바로 하늘로부터, 곧 여호와께로부터 소돔과 고모라 위에 유황과 불을 비처럼 쏟아 부으셨습니다.(창세기 19장 24절)

① 소돔과 고모라 성에 사는 사람들은 날마다 죄를 지으며 살았어요.
술맛 좋~다! 어~ 취한다. 끄윽~
이거~ 비싼 물건 같은데? 몰래 가져가야지~

② 하나님은 소돔과 고모라에 사는 롯을 구하기 위하여 천사를 보내셨어요.
아니다. 우리는 거리에서 밤을 지낼 것이다.
내 주여, 저희 집에서 하룻밤 주무시고 가세요.

③ 나쁜 사람들이 롯의 집을 찾아왔어요. 그들은 천사들에게 나쁜 짓을 하려고 했어요.
여러분! 이런 나쁜 일을 하면 안 됩니다. 이러지 마세요!
이 저녁에 당신 집에 온 사람이 어디 있지? 그 사람에게 나쁜 짓을 해야겠다!

④ 천사는 롯과 가족들을 소돔과 고모라에서 구해내려고 중요한 말을 했어요.
알...알겠습니다. 도망갈 때까지 저를 도와주십시오!
이 성에서 빨리 떠나시오. 하나님이 이 소돔과 고모라 성을 멸망시킬 것이요! 절대 뒤를 돌아보지도 말고 멈추지도 마시오.

⑤ 롯이 소돔과 고모라 성을 벗어나자 하나님이 유황과 불을 비처럼 내리셨어요. 그리고 뒤를 돌아본 롯의 아내는 그만 소금기둥으로 변해버리고 말았어요.
쏴~악! 쿠쿵! 쾅!
아이고~ 집에 내 금목걸이를 두고왔... 까악!

⑥ 하나님이 소돔과 고모라 성을 불로 심판하셨어요. 두 성은 불에 타 버렸어요.
하나님이 죄가 가득한 소돔과 고모라를 심판하신거야!
우리를 구원해주신 하나님, 감사합니다.

단어 풀이 유황 불꽃을 내면서 지독한 냄새가 나는 돌 | 소돔과 고모라 도시 이름

말씀 배우기

1 소돔과 고모라 땅에 내려진 불을 붙여보세요.

2 롯과 가족들은 나쁜 땅에서 어떻게 되었는지 연결해보세요.

롯과 가족

불에 타 죽었어요.

하나님이 구원해 주셨어요.

1 천사가 롯과 가족들을 구하기 위해 한 말은 무엇인지 O표 해보세요.

가만히 있으세요.

춤을 추세요.

절대 뒤 돌지 말고 가세요.

2 빈칸에 알맞은 답을 적어 보세요.

1. 소돔과 고모라 성에 사는 사람들은 ☐ 를 지으며 살았어요.
2. 하나님은 소돔과 고모라에 사는 ☐ 을 구하기 위해 ☐☐ 를 보냈어요.
3. 천사는 롯의 가족들에게 하나님이 소돔과 고모라 성을 ☐☐ 시킬 것이라고 말했어요.
4. 천사는 롯과 가족들에게 성을 떠날 때 절대 ☐☐☐☐☐ 말고 멈추지도 말라고 말했어요.
5. 롯이 소돔과 고모라 성을 벗어나자 하나님이 ☐☐ 과 ☐ 을 비처럼 내리셨어요.

정답 1. 죄 2. 롯, 천사 3. 멸망 4. 뒤돌아보지 5. 유황, 불

3 천사가 롯과 가족들을 구해내기 위해서 한 말을 쓰거나 선생님을 따라서 말해보세요.

절대 뒤를 돌아보지도 말고 멈추지도 마시오.

활동하기

1 두 그림을 잘 보고 서로 다른 것을 5가지 찾아보세요.

말씀 따르기

1. 롯을 구원하기 위해 천사를 보내신 것처럼 하나님은 나를 위해 누구를 보내셨는지 말해 보세요.
2. 롯의 부인처럼 하면 안되는 일을 하고 있는지 생각해보고 "더 이상 죄 짓지 않겠어요."라고 입술로 고백해 보세요.

기도하기

하나님, 예수님을 통해서 ◯◯(이)를 구원해 주셔서 감사합니다. 죄가 되는 것들을 행동하지 않고, 쳐다보지도 않는 믿음을 주세요. 예수님 이름으로 기도합니다. 아멘.

4과 항상 함께 하시는 기적!① – 에서와 야곱

본문말씀 : 창세기 27장

중심구절 : 이삭이 말했습니다. “네 동생이 들어와서 속임수를 쓰면서까지 네 복을 빼앗아 가 버렸다.” (창세기 27장 35절)

① 이삭은 죽기 전 큰 아들 에서에게 축복을 해 주고 싶었어요.
이젠 늙어서 앞도 잘 보이지 않는구나.. 아들아, 나를 위해 맛있는 요리를 해오너라. 축복해주고 싶구나.
네. 아버지. 빨리 사냥을 해서 아버지께 맛있는 것을 만들어 드리겠습니다.
② 이삭의 아내 리브가는 이삭의 말을 듣고 아들 야곱에게 말했어요.
야곱아, 네 아버지가 맛있는 것을 먹고 형 에서를 축복하시겠다는구나. 그 축복을 네가 받아라.
네? 형이 축복을요? 그런데 어머니, 형은 몸에 털이 많고 저는 없습니다. 아버지가 아시면 혼내실 거예요.
③ 리브가는 야곱에게 에서의 털옷을 입히고 손에 염소가죽과 털옷을 걸쳐주었어요.
자, 이제 아버지가 너를 야곱이 아니라 형 에서라고 생각하실거야. 호호호!
아버지가 깜빡 속으시겠는걸요? 아버지의 축복을 내가 먼저 빼앗아야지... 흐흐흐
④ 야곱은 형 에서인 척하며 맛있는 것을 들고 아버지 이삭을 찾아갔어요.
아버지! 에서입니다. 제가 사냥한 고기를 드시고 축복해 주세요!
일찍 잡아왔구나! 내가 맛있게 먹고 나서 너를 축복해 주어야겠구나. 허허허허....
⑤ 아버지 이삭은 이상한 생각이 들어서 질문했어요. 그러자 야곱이 거짓말을 했어요.
흐음....흐음...? 그런데 네 목소리를 듣고, 네 손을 만져보니 동생 야곱 같구나!
아....아니에요. 저는 야곱의 형 에서입니다.
⑥ 그 말을 믿은 이삭은 야곱을 에서인 줄 알고 마음껏 축복해 주었어요.
하나님께서 너에게 큰 복을 주시기 원한다. 모든 민족이 너를 섬길 것이다. 아멘!
아~멘!

단어 풀이 속임수 거짓말을 해서 속이는 것

이 선을 따라 살짝 접은 후 자르세요

풀칠하는 곳

풀칠하는 곳

자르는선

풀칠하는 곳

풀칠하는 곳

말씀 배우기

1 야곱에게 염소가죽과 털옷을 입혀주세요.

말씀 다지기

1 빈칸에 알맞은 답을 적어 보세요.

1. 이삭은 죽기 전에 큰 아들 ☐☐를 축복해 주길 원했어요.
2. 에서는 아버지에게 맛있는 것을 만들어주기 위해 ☐☐을 갔어요.
3. 이삭의 아내 리브가는 ☐☐에게 에서가 받을 ☐☐을 받으라고 했어요.
4. 야곱은 형 에서인 척 하며 아버지 ☐☐에게 ☐☐해 달라고 했어요.
5. 이삭은 야곱에게 형 ☐☐에게 줄 축복을 다 주었어요.

정답 1. 에서 2. 사냥 3. 야곱, 축복 4. 이삭, 축복 5. 에서

말씀 따르기

1. 하나님의 축복을 알리고 싶은 친구 3명의 이름을 적어보세요.
2. 옆에 앉은 친구나 선생님에게 "하나님의 축복을 받으세요."라고 축복의 말을 해요.

기도하기

하나님, ◯◯(이)에게 하나님의 자녀가 되는 축복을 주셔서 감사합니다. ◯◯(이)도 주위 사람들을 축복하는 사람이 되게 해주세요. 예수님 이름으로 기도합니다. 아멘.

5과 항상 함께 하시는 기적!② - 야곱의 꿈

본문말씀 : 창세기 28장 10절~22절

중심구절 : 내가 너와 함께 있을 것이며 네가 어디로 가든지 너를 지켜주겠다. 그리고 너를 이 땅으로 다시 데리고 오겠다. 내가 네게 약속한 것을 다 이룰 때까지 너를 떠나지 않겠다. (창세기 28장 15절)

❶ 에서는 야곱이 아버지를 속이고 축복을 받았다는 사실을 알고 화가 났어요.
야곱이 감히 아버지의 축복 빼앗다니! 가만두지 않겠다! 부들부들...
야곱아! 네 형이 널 죽일 것 같구나. 그러니 삼촌 집으로 도망가거라.

❷ 야곱은 도망가던 중에 길에서 돌을 베고 잠을 잤어요. 야곱은 천사 꿈을 꾸었어요.
어? 계단이 하늘 꼭대기에 닿았잖아? 하나님의 천사가 계단을 오르락 내리락하고 있어!

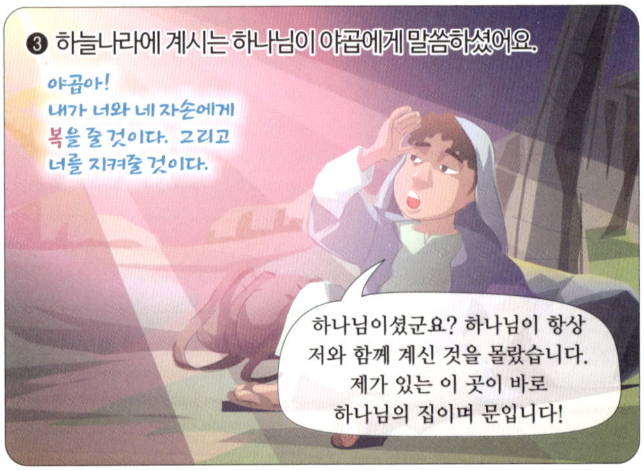
❸ 하늘나라에 계시는 하나님이 야곱에게 말씀하셨어요.
야곱아! 내가 너와 네 자손에게 복을 줄 것이다. 그리고 너를 지켜줄 것이다.
하나님이셨군요? 하나님이 항상 저와 함께 계신 것을 몰랐습니다. 제가 있는 이 곳이 바로 하나님의 집이며 문입니다!

❹ 야곱은 아침 일찍 일어나 밤에 베고 잤던 돌을 기둥처럼 세웠어요. 그리고 기름을 부었어요.
이 곳은 하나님이 계시는 집이야. 그러니까 벧엘이라고 불러야겠다.
하나님의 집이니까... 벧엘!

❺ 그리고 야곱은 하나님께 도움을 요청하는 기도를 드렸어요.
하나님, 저를 지켜주세요. 먹을 음식과 입을 옷을 주세요. 그래서 아버지께 무사히 돌아가게 해 주세요!

❻ 야곱은 하나님께 기도를 드리며 굳게 결심하였어요.
하나님, 저와 함께 해주셔서 감사합니다. 제게 주신 모든 것의 십분의 일을 하나님께 꼭 드리겠습니다.

단어 풀이 약속 상대방과 지켜야 할 것을 정하는 것 | 십일조 하나님께 받은 것의 일부분을 드리는 것

말씀 배우기

1 하늘나라에 계신 하나님이 야곱에게 하신 말씀을 붙여보세요.

2 계단을 타고 내려온 천사를 찾아 O표 해보세요.

말씀 다지기

1 **야곱이 하나님께 뭐라고 기도했는지 찾아 O표 해보세요.**

저를 지켜주세요.

놀러 가고 싶어요.

낮잠 자고 싶어요.

2 **빈칸에 알맞은 답을 적어 보세요.**

1. 에서는 야곱이 아버지를 속이고 ☐☐ 을 빼앗아서 화가 났어요.
2. 야곱은 형이 무서워서 도망가던 중에 돌을 베고 ☐☐☐☐☐.
3. 돌 베게를 베고 잠을 자던 야곱은 꿈에서 ☐☐ 를 보았어요.
4. 하나님은 야곱에게 ☐ 을 주고 야곱을 지켜줄 것이라고 말했어요.
5. 야곱은 베고 잤던 돌을 기둥으로 세우고 그곳을 ☐☐ 이라고 불렀어요.

정답 1. 축복 2. 잠을 잤어요 3. 천사 4. 복 5. 벧엘

3 **하나님께서 야곱에게 하신 말씀을 쓰거나 선생님을 따라서 말해보세요.**

야곱아, 내가 너를 지켜 줄 것이다.

활동하기

1 **색칠하거나 색종이를 붙여 천사가 오르락거리던 계단을 완성해 보세요.**

말씀 따르기

1. 나는 언제 하나님을 만났는지 생각해보고 친구들과 이야기를 나누어보세요.
2. 나를 지켜주시고 함께해주시는 하나님께 도움을 요청할 일이 있다면 이야기해보고 함께 기도해요.

기도하기

사랑의 하나님, ◯◯(이)가 깨닫지 못할 때에도 항상 함께해주셔서 감사합니다. 예수님 이름으로 기도합니다. 아멘.

6과 10가지 심판의 기적!

본문말씀 : 출애굽기 7장~12장

중심구절 : 그러므로 내가 손을 뻗어 그들 가운데 행할 모든 기적으로 이집트를 칠 것이다. 결국 이집트를 치고 나야 그가 너희를 보내줄 것이다.(출애굽기 3장 20절)

① 하나님은 모세에게 바로 왕을 찾아가 이스라엘 백성을 인도해 내라고 하셨어요.
하나님이 이스라엘 백성들을 이집트에서 내 보내라고 말씀하셨소!
우하하하! 뭐라고? 이스라엘은 내 노예야! 어디서 건방지게....

② 모세가 다시 바로 왕을 찾아가서 하나님 말씀을 전했지만 왕은 듣지 않았어요.
바로 왕이여! 하나님의 백성들을 이집트에서 내어보내주시오!
모세가 또 왔어? 안돼! 내쫓아!!

③ 하나님은 이집트에 무서운 심판을 하셨어요.
하나님은 이집트 나일강의 물을 피로 바꾸셨어요. 하나님은 계속해서 개구리, 이, 파리, 병으로 이집트를 심판하셨어요.

④ 바로 왕은 하나님의 심판을 보고도 하나님의 말씀을 듣지 않았어요.
이래도 이스라엘 백성을 보내지 않을 겁니까?
싫어! 난 내 노예를 안 보낼거야! 흥!

⑤ 하나님은 다시 우박, 메뚜기, 어둠으로 이집트를 심판하셨어요.
그래도 난 절대 나의 노예들을 보낼 수 없어!

⑥ 마지막으로 하나님이 처음 태어난 생명을 모두 죽게 하시자 바로 왕은 항복했어요.
내가 졌다. 이스라엘 백성들은 모두 이집트를 떠나도 좋다! 다 떠나라!
우와! 이집트를 심판하신 하나님 만세!

단어 풀이 심판 잘못에 대해 벌을 주는 것 | 이집트 이스라엘을 노예로 삼은 나라

말씀 배우기

1 10가지 심판을 기억하며 빈칸에 재앙을 붙여보세요.

2 알맞은 것에 O표, 틀린 것에 X표를 해보세요.

모세가 하나님의 말씀을 전했을 때 바로 왕이

말을 듣지 않았어요.

말을 들었어요.

하나님은 이집트에

큰 축복을 주셨어요.

큰 벌을 주셨어요.

마지막으로 하나님은 처음 태어난 생명을 모두

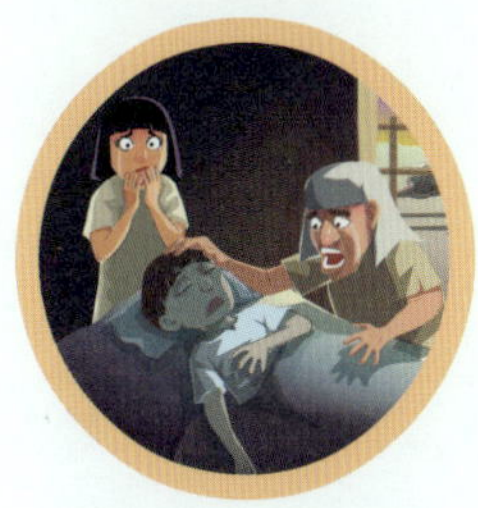

죽게 하셨어요.

살리셨어요.

말씀 다지기

1 하나님이 이집트에 내리신 심판에 모두 O표 해보세요.

나일강의 물이 피로 변함

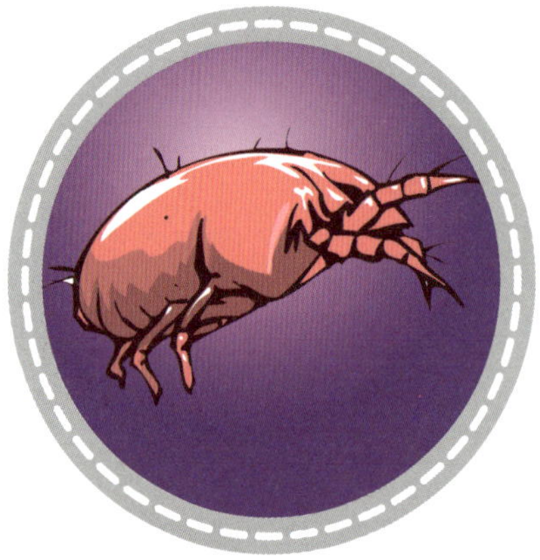

모든 먼지가 이로 변함

피부에 악성종기가 남

2 빈칸에 알맞은 답을 적어 보세요.

1. 모세는 하나님의 말씀대로 이집트 □□ 왕을 찾아가 말했어요.
2. 모세가 바로 왕을 찾아가 □□ □□□ 을 전했지만 바로 왕은 듣지 않았어요.
3. 하나님은 이집트에 무서운 □□ 을 하셨어요.
4. 바로왕은 하나님의 심판을 받고도 하나님의 말씀을 □□ □□□□.
5. 하나님이 □□ □□□ 생명을 모두 죽게 하자 바로 왕은 항복했어요.

정답 1. 바로 2. 하나님 말씀 3. 심판 4. 듣지 않았어요 5. 처음 태어난

3 모세가 바로 왕에게 전한 하나님 말씀을 쓰거나 선생님을 따라서 말해보세요.

이집트에서 내보내라고 말씀하셨소!

활동하기

1 10가지 재앙을 피해 이집트를 떠나보세요.

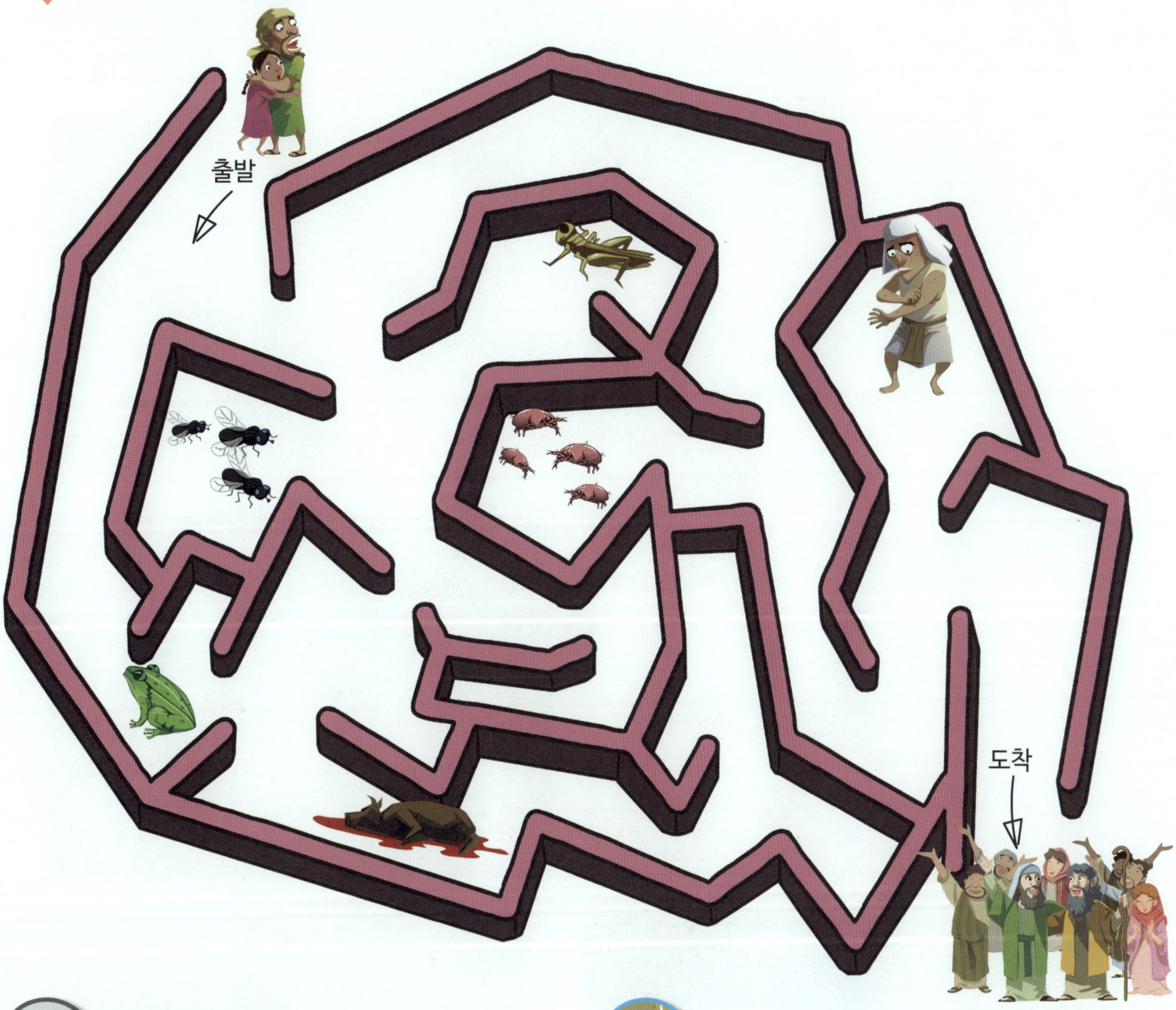

말씀 따르기

1. 하나님이 나에게 어떤 기적을 베푸시기 원하는지 생각해 보고 이야기 해 보세요.
2. 하나님이 예수님을 통해 나를 구원해 주신 것이 가장 큰 기적이라는 것을 기억하고 감사 기도해요.

기도하기

사랑의 하나님, ◯◯(이)에게 하나님의 자녀가 되는 기적을 베풀어주셔서 감사해요. 하나님만 섬기는 믿음의 사람이 되도록 도와주세요. 예수님 이름으로 기도합니다. 아멘.

7과 어린 양의 피로 살아난 기적!

본문말씀 : 출애굽기 12장 1절~30절
중심구절 : 내가 이집트 땅을 칠 때 너희 사는 집에 피를 발랐으면 그것이 표시가 돼 내가 그 피를 볼 때 너희를 그냥 지나칠 것이다. 그러므로 재앙이 너희에게 내려 너희를 멸망시키는 일이 없을 것이다.(출애굽기 12장 13절)

❶ 하나님은 모세와 아론을 부르셨어요.

바로에게 내릴 마지막 벌이 있다. 이집트에 있는 첫 번째로 태어난 아이들과 동물들을 모두 죽일 것이다!

❷ 하나님은 모세와 아론에게 중요한 말씀을 하셨어요.

이스라엘 모든 가정들은 1년 된 어린 양을 잡아 그 피를 문의 양쪽과 위쪽에 바르도록 하여라!
어린 양의 피를 바른 집은 심판하지 않을 것이다!

❸ 이스라엘 백성들은 하나님의 말씀대로 따랐어요.

여보, 위쪽도요.
하나님 말씀대로 어린 양의 피를 발라야지! 으챠!

④ 캄캄한 밤이 되자 하나님은 이집트 땅의 처음 난 것들을 모두 죽이셨어요.

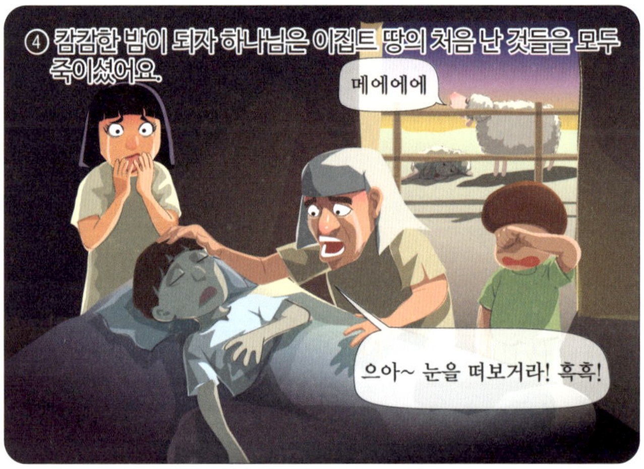
메에에에
으아~ 눈을 떠보거라! 흑흑!

⑤ 이집트의 온 땅에는 울음소리로 가득했어요.

내 앞에서 다 사라져버려! 흑흑흑!!

❻ 그러나 어린 양의 피를 문틀에 바른 이스라엘의 집에는 아무 일도 없었어요.

하나님, 감사합니다. 모두 다 하나님의 은혜예요!
우리 모두가 어린 양의 피로 살아난 거란다.

단어 풀이 재앙 불행한 일 | 멸망 죽어서 없어지는 것

말씀 배우기

1 문틀의 양쪽과 위쪽에 어린 양의 피를 붙여보세요.

2 하나님이 모세와 아론에게 뭐라고 말씀하셨는지 따라 써보세요.

내가 이집트에 있는 첫 번째로
태어난 아 이 들과 동 물 들을
모두 죽일 것이다!

말씀 다지기

1 하나님은 어느 집을 심판하지 않겠다고 하셨는지 O표 해보세요.

어린 양의 피를 바른 집

나무 집

아파트

2 빈칸에 알맞은 답을 적어 보세요.

1. 하나님이 ☐☐ 와 ☐☐ 에게 말씀하셨어요.
2. 하나님은 ☐☐☐ 로 태어난 아이들과 동물들을 모두 ☐☐☐ 이라고 말씀하셨어요.
3. 하나님은 이스라엘 백성이 어린 양의 ☐ 를 ☐ 의 양쪽과 위쪽에 바르도록 명령하셨어요.
4. 문에 어린 양의 피를 바른 집은 ☐☐ 하지 않겠다고 말씀하셨어요.
5. ☐☐☐ 의 피를 문틀에 바른 이스라엘 집에는 아무 일도 일어나지 않았어요.

정답 1. 모세, 아론 2. 첫 번째, 죽일 것 3. 피, 문 4. 심판 5. 어린 양

3 이스라엘 백성들이 하나님께 드린 감사의 말을 쓰거나 선생님을 따라서 말해보세요.

하나님! 감사합니다.

활동하기

1 어린 양의 피가 발라진 문틀을 색칠해보세요.

말씀 따르기

1. "나는 예수님의 피로 구원 받았어요." 라고 입술로 고백해요.
2. 하나님이 나를 보호해 주셨다고 생각되는 날에는 달력에 동그라미를 그리고 다음 주에 선생님께 며칠 동안 하나님이 나를 보호해 주셨는지 말해보세요.

기도하기

사랑의 하나님, 예수님의 피를 통해서 ◯◯ (이)를 구원해 주시고 날마다 보호해 주셔서 감사합니다. 예수님 이름으로 기도합니다. 아멘.

8과 만나와 메추라기를 주신 기적!

본문말씀 : 출애굽기 16장

중심구절 : 이스라엘 백성들은 그 빵을 만나라고 불렀습니다. 그것은 깟씨처럼 하얗고 맛은 꿀로 만든 과자 같았습니다. (출애굽기 16장 31절)

① 이집트에서 나온 이스라엘 백성들은 광야에서 모세에게 불평을 했어요.
배고파요. 먹을 것 좀 주세요! 괜히 모세를 따라왔나봐!
왜 우리들을 이집트에서 끌고 나와 죽게 만드시오? 여긴 먹을 것이 하나도 없단 말이오!

② 백성들이 불평을 하자 지도자인 모세가 말했어요.
우와!
여러분이 원망하는 소리를 하나님께서 들으셨습니다. 하나님께서 저녁에는 고기, 아침에는 빵을 먹고 배부를 것이라고 하셨습니다!

③ 저녁이 되자 갑자기 메추라기 떼가 몰려들어 이스라엘의 천막을 덮었어요.
오랜만에 고기를 배부르게 먹겠다. 야호!
세상에~ 어디서 이렇게 많은 새들이 날아왔지? 수천 마리도 넘어!

④ 아침이 되자 이슬이 내려 작고 얇은 만나가 온 땅을 덮었어요.
음~ 꿀로 만든 과자같아!
아니, 이게 뭐야?

⑤ 모세가 백성들에게 말했어요.
하나님이 만나를 주셨습니다. 굽든지 삶든지 마음대로 먹으세요. 하지만 필요한 것만큼 가져가세요! 거둔 것을 아침까지 남겨두지 마세요!

⑥ 모세와 백성들은 먹을 것을 주신 하나님께 감사했어요.
너무 맛있어요!
하나님, 감사합니다!

단어 풀이 만나 하나님이 이스라엘 백성들에게 주신 음식 | 메추라기 새의 이름 | 깟씨 고수 씨

말씀 배우기

1 하나님이 이스라엘 백성들에게 무엇을 주셨는지 붙여보세요.

2 하나님이 주신 메추라기를 점선을 따라 그려보세요.

말씀 다지기

1 **하나님이 무엇으로 이스라엘 백성들을 먹이셨는지 O표 해보세요.**

만나와 메추라기

피자

지렁이

2 **빈칸에 알맞은 답을 적어 보세요.**

1. 이집트에서 나온 백성들은 광야에 ☐☐에게 ☐☐을 했어요.
2. 하나님은 이스라엘 백성들이 원망하는 소리를 ☐☐☐☐☐.
3. 저녁이 되자 ☐☐☐☐가 몰려들어 이스라엘의 천막들을 덮었어요.
4. 아침이 되자 땅에 작고 얇은 ☐☐가 온 땅을 덮었어요.
5. 모세와 백성들은 먹을 것을 주신 ☐☐☐께 감사했어요.

정답 1. 모세, 불평 2. 들으셨어요 3. 메추라기 4. 만나 5. 하나님

3 **모세와 백성이 드린 감사기도를 쓰거나 선생님을 따라서 말해보세요.**

만나와 메추라기를 주셔서 감사합니다.

활동하기

1 하나님이 나에게 주신 맛있는 음식을 쓰거나 붙여보세요.

말씀 따르기

1. 어제 혹은 오늘 아침 내가 먹은 음식을 이야기하고 음식을 주신 하나님께 감사해요.
2. 하나님께서 앞으로도 날마다 제공해 주실 음식에 감사하는 기도를 해보세요.

기도하기

하나님, 날마다 일용할 양식을 주심에 감사합니다. 하나님이 주신 모든 것을 감사함으로 받는 ◯◯(이)가 되게 해주세요. 예수님 이름으로 기도합니다. 아멘.

9과 놋뱀의 기적!

본문말씀 : 민수기 21장 1절~9절

중심구절 : 여호와께서 말씀하셨습니다. “뱀을 만들어 막대 위에 달아라. 누구든 뱀에 물린 사람은 그 뱀을 보면 살게 될 것이다.” (민수기 21장 8절)

에휴~ 이제는 만나와 메추라기도 지긋지긋해요.
아이고 힘들어! 이집트에서 노예로 살 때가 좋았어!
① 광야를 지나는 동안 이스라엘 백성은 매일 불평을 했어요.

아악! 불뱀이다!!
아야야! 나 물렸어. 죽을 것 같아!!
② 하나님은 불평하는 이스라엘 백성들에게 많은 불뱀을 보내셨어요.

불뱀이 떠나도록 해주세요! 살려주세요!
하나님 잘못했어요.
③ 불뱀에 물려 죽어가던 이스라엘 백성들은 하나님께 용서해달라고 기도했어요.

놋뱀을 만들어 장대에 달아라.
뱀에 물린 사람은 그것을 보면
살 것이다.
④ 하나님은 모세에게 놋뱀을 만들어 나무에 매달게 하셨어요.

다 나았다! 이제 살 것 같아~!
놋뱀을 보았더니 정말 살아났네! 하나님은 놀라우신 분이야!
⑤ 말씀대로 놋뱀을 본 사람들은 다 나았어요. 하지만 말씀을 따르지 않는 사람들은 죽었어요.

예수를 바라보는 사람은
영원한 생명을 얻을 수 있단다.
⑥ 하나님은 지금 우리에게 십자가에 달리신 예수님을 보라고 말씀하세요.

단어 풀이 불뱀 독이 있는 뱀 | 장대 나무로 만든 긴 막대기 | 놋뱀 구리로 만든 뱀

놋뱀

예수님

자르는선

점선을 따라 살짝 접은 후 잡아당겨 주세요

말씀 배우기

1 불뱀에 물린 이스라엘 백성에게 하나님께서 하신 말씀과 놋뱀을 붙여보세요.

말씀 다지기

1 빈칸에 알맞은 답을 적어 보세요.

1. 이스라엘 백성들은 매일 ☐☐을 했어요.
2. 하나님은 이스라엘 백성들에게 ☐☐을 보내셨어요.
3. 하나님은 모세에게 ☐☐을 만들라고 하셨어요.
4. 놋뱀을 본 사람들은 다 ☐☐☐☐.
5. 하나님은 우리에게 십자가에 달리신 ☐☐☐을 보라고 말씀하셨어요.

정답 1. 불평 2. 불뱀 3. 놋뱀 4. 나았어요 5. 예수님

말씀 따르기

1. 하나님 말씀에 순종하지 못한 것들이 있다면 생각해 보고 말해보세요.
2. "예수님을 통해서 저를 구원해주셔서 감사합니다."라고 입술로 고백해보세요.

기도하기

하나님, ◯◯(이)에게 예수님을 보내주셔서 영원한 죽음으로부터 구원해주셔서 감사합니다. 예수님 이름으로 기도합니다. 아멘.

10과 마른 뼈가 살아난 기적!

본문말씀 : 에스겔 37장 1절~14절

중심구절 : 그분께서 내게 명령하신 대로 내가 예언했더니 생기가 그들 안에 들어갔다. 그러자 그들이 살아나서 두 발로 일어서서는 엄청나게 큰 군대가 됐다. (에스겔 37장 10절)

❶ 하나님은 환상 속에서 에스겔 선지자를 마른 뼈가 가득한 골짜기로 데려가셨어요.
아니, 이럴 수가?... 마른 뼈가 이렇게나 많이 쌓여있다니! 많은 사람들이 죽었나보군..
❷ 하나님은 에스겔을 뼈가 잔뜩 쌓여있는 골짜기를 걷게 하시며 물으셨어요.
에스겔아! 이 뼈들이 살아날 수 있겠느냐? 다시 살아나도록 나를 대신하여 명령하여라!
네, 하나님! 하나님이 아십니다.
❸ 에스겔은 하나님이 명령하신 대로 뼈들에게 하나님을 대신하여 명령했어요.
마른 뼈들아, 살아나라!!
❹ 그러자 생기가 사방에서 나와 뼈들에게 들어갔어요. 뼈들은 벌떡 일어나 군대가 되었어요.
휘이익~ 쑥!
벌떡!!
휘이익~ 쑥!
마른 뼈가 살아나다니! 기적이야!
❺ 하나님은 에스겔에게 또 다시 명령하라고 말씀하셨어요.
에스겔아! 다시 명령하여라! 이 뼈들이 무덤에서 살아나서 이스라엘로 돌아간다 하여라!
네, 마른 뼈를 살리신 하나님의 말씀을 전하겠습니다!
❻ 하나님은 마른 뼈를 살리신 것처럼 이스라엘 백성들도 구원해주셨어요.
하나님, 구원해주셔서 감사합니다!

단어 풀이 예언 앞으로 될 일을 미리 말하는 것 | 생기 생명을 일으키는 기운 | 환상 미래 일들을 미리 보는 것

말씀 배우기

1 에스겔이 명령하자 마른 뼈가 어떻게 되었는지 스티커로 붙여보세요.

2 에스겔이 뭐라고 명령하였는지 찾아 연결해보세요.

에스겔

마른 뼈들아,
살아나라!

뼈들이
너무 무서워!

바른 자세로
앉으세요!

말씀 다지기

1 **에스겔이 명령하자 마른 뼈들이 어떻게 되었는지 O표 해보세요.**

아무 일도 없었어요.

썩어 없어졌어요.

다시 살아났어요.

2 **빈칸에 알맞은 답을 적어 보세요.**

1. 하나님의 영이 ☐☐☐ 선지자를 마른 뼈가 많은 골짜기로 데려가셨어요.
2. 하나님은 에스겔에게 ☐ 들이 살아날 수 있느냐고 물었어요.
3. 에스겔은 "☐☐☐ 이 아십니다."라고 대답했어요.
4. 하나님은 에스겔에게 뼈들이 ☐☐☐☐☐ 명령하게 하셨어요.
5. 에스겔이 명령을 하자 ☐☐ 이 벌떡 일어나서 ☐☐ 가 되었어요.

정답 1. 에스겔 2. 뼈 3. 하나님 4. 살아나도록 5. 뼈들, 군대

3 **에스겔이 한 명령을 쓰거나 선생님을 따라서 말해보세요.**

마른 뼈들아, 살아나라!

활동하기

1 마른 뼈에서 살아난 군사를 색칠해 보세요.

말씀 따르기

1. "나의 믿음에 생기를 넣어 주세요."라고 따라서 말해 보세요.
2. 하나님이 내 삶에 다시 회복시켜주실 곳이 있다면 생각해보고 말해보세요.

기도하기

사랑의 하나님, ◯◯(이)도 하나님께서 불어넣어주시는 생기로 새롭게 거듭나고 발전하게 해주세요. 예수님 이름으로 기도합니다. 아멘.

11과 사랑의 기적!(장애인 주일)

본문말씀 : 마태복음 9장 27절~38절

중심구절 : 예수께서 모든 도시와 마을을 두루 다니시며 회당에서 가르치시고 하늘나라 복음을 전파하시며 모든 질병과 아픔을 고쳐주셨습니다. (마태복음 9장 35절)

❶ 예수님이 길을 걸어가실 때 앞을 보지 못하는 두 사람이 큰 소리로 외쳤어요.
예수님! 우리를 불쌍히 여겨주세요!
다윗의 자손이여, 우리에게 자비를 베풀어주세요!

❷ 예수님은 앞을 보지 못하는 두 사람에게 물으셨어요.
내가 너희들의 눈을 뜨게 할 줄 믿느냐?
너희 믿음대로 되리라! 누구에게도 알리지 말거라.
네, 예수님은 하실 수 있습니다!

❸ 예수님은 두 사람의 눈을 고쳐주셨어요. 두 사람은 예수님에 대한 소문을 온 동네에 퍼뜨렸어요.
예수님은 하나님 아들이십니다!
예수님이 눈을 뜨게 해 주셨어요!

❹ 예수님은 귀신이 들려 말을 하지 못하는 사람도 고쳐주셨어요.
더러운 귀신아, 나가라!!
예수님, 감사합니다! 예수님, 감사합니다!!

❺ 예수님은 몸이 불편하거나 병든 사람들을 불쌍히 여기시고 고쳐주셨어요.
팔이... 팔이 펴졌어요! 감사합니다, 예수님!
감사합니다, 이제 걸어 다닐 수 있어요! 얏호~ 펄쩍! 펄쩍!

❻ 예수님은 여러 동네를 다니며 복음을 전하시고 아픈 곳을 고쳐주셨어요.
너의 믿음대로 될 것이다~
예수님, 감사합니다!

단어 풀이 회당 교회 | 복음 기쁜 소식

1 예수님께서 두 사람의 눈을 고쳐주신 후 변화된 얼굴을 붙여보세요.

2 우리를 사랑하시는 예수님을 생각하며 말씀을 따라 써보세요.

예수님께서
하늘나라 복음을 전파하시며
모든 질병과 아픔을
고쳐주셨습니다!

말씀 다지기

1 예수님이 누구누구를 찾아가셨는지 모두 O표 해보세요.

앞 못 보는 사람

나이 많은 사람

못 걷는 사람

2 빈칸에 알맞은 답을 적어 보세요.

1. 예수님은 앞을 ☐☐☐☐☐ 두 사람의 눈을 고쳐주셨어요.
2. 예수님은 귀신이 들려 말을 못하는 사람을 ☐☐☐☐☐☐.
3. 예수님은 몸이 불편하거나 병든 ☐☐☐ 을 고쳐주셨어요.
4. 예수님은 여러 곳을 다니며 ☐☐ 을 전하시고 ☐☐☐ 을 고쳐주셨어요.

정답 1. 보지 못하는 2. 고쳐주셨어요 3. 사람들 4. 복음, 아픈 곳

3 예수님께 도움을 구하는 말을 쓰거나 선생님을 따라서 말해보세요.

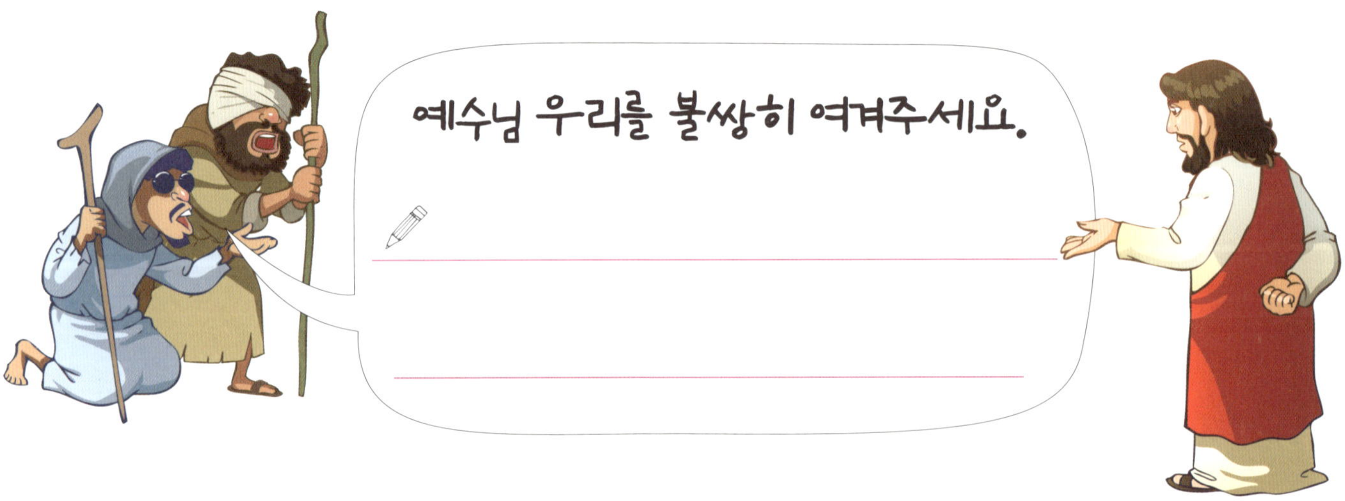
예수님 우리를 불쌍히 여겨주세요.

활동하기

1 그림 속에서 예수님을 모두 찾아보세요.

말씀 따르기

1. 하나님께서 나를 고쳐주시길 원하는 곳은 어디인지 이야기해 보세요.
2. 주위에 아픈 친구나 가족의 이름을 적어보고 함께 기도해요.

기도하기

나를 사랑하시는 예수님, ◯◯(이)의 어떤 모습이라도 주님께서 기억하시고 사랑해주심에 감사합니다. 주님은 ◯◯(이)의 최고의 친구입니다. 예수님 이름으로 기도합니다. 아멘.

12과 십자가의 기적!(고난 주일)

본문말씀 : 누가복음 23장 26절~49절

중심구절 : 예수께서 말씀하셨습니다. “아버지, 저들을 용서해 주소서. 저들은 자기들이 하고 있는 일을 알지 못합니다.” 그때 군인들은 제비를 뽑아 예수의 옷을 나눠 가졌습니다.(누가복음 23장 34절)

① 하나님은 나쁜 죄를 용서받는 방법을 알려주셨어요.
죄 지은 사람은 반드시 죽어야 한다. 그러나 대신 짐승을 죽여 제물로 드리면 용서해주겠다.
깨끗한 짐승을 잡아 제물로 드립니다. 우리의 죄를 용서해주세요.
② 하지만 사람들은 나쁜 마음으로 병든 짐승을 잡아 하나님께 제물로 드렸어요.
꼬끼..오..액..
꽤애애액!
어차피 죽일 건데 싸고 병든 것으로 드려도 괜찮겠지~
③ 하지만 하나님은 나쁜 마음으로 드리는 제물을 받지 않으셨어요.
나쁜 마음으로 드리는 병든 닭은 받지 않겠다!
하나님, 이 제물을 받으시고 저의 죄를 용서해 주세요~
④ 하나님은 깨끗한 제물을 준비하셔서 우리의 죄를 용서하기로 하셨어요.
하나님 아버지! 저들의 죄를 용서해 주세요.
예수님이 우리 죄를 대신해서 십자가에서 죽으셨어. 흑흑흑....
⑤ 하나님은 예수님을 믿는 사람을 용서해 주셨어요.
예수님이 우리의 죄를 대신해서 죽으셔서 용서를 받았어!
예수님의 피로 우리의 죄가 깨끗해졌어!
⑥ 우리는 예수님을 통해서만 구원받을 수 있어요.
예수님, 감사합니다!
예수님! 정말 사랑해요~

단어 풀이 제비뽑다 차례나 순서를 결정하는 것 | 제물 예배를 드릴 때 바치는 짐승

말씀 배우기

1 예수님이 누구의 죄를 대신해서 십자가에 못 박히셨는지 붙여보세요.

말씀 다지기

1 우리가 구원받는 방법을 찾아 O표 해보세요.

동물의 피

예수님

TV보기

2 빈칸에 알맞은 답을 적어 보세요.

1. 하나님은 나쁜 죄를 용서받는 방법으로 ☐☐을 죽여 제물로 드리라고 알려주셨어요.
2. 하나님은 나쁜 마음으로 드리는 ☐☐은 받지 않으셨어요.
3. 하나님은 십자가에서 죽으신 ☐☐☐을 ☐☐ 사람을 용서해 주셨어요.
4. 예수님은 우리의 ☐를 대신해서 ☐☐☐에서 죽으셨어요.
5. 나는 예수님을 통해서만 ☐☐ 받을 수 있어요.

정답 1. 짐승 2. 제물 3. 예수님, 믿는 4. 죄, 십자가 5. 구원

3 예수님이 누구를 위해 죽으셨는지 빈칸에 자신의 이름을 적어보세요.

활동하기

1 내 죄가 묻어있는 십자가를 예수님의 피로 붙여주세요.

말씀 따르기

1. 내가 지은 죄를 용서받을 수 있는 방법이 무엇이 있는지 말해보세요.
2. "예수님 저를 살려주셔서 감사합니다." 라고 매일 아침 눈 뜰 때 외쳐보세요.

기도하기

하나님, 예수님을 통해 ◯◯(이)의 죄를 대신해서 돌아가셨음을 믿습니다. 구원자이신 예수님 사랑합니다. 예수님 이름으로 기도합니다. 아멘.

13과 부활의 기적!(부활 주일)

본문말씀 : 요한복음 20장 1절~31절

중심구절 : 그때 예수께서 오셔서 그들 가운데 서서 말씀하셨습니다. "너희에게 평강이 있을지어다!" (요한복음 20장 19절)

① 군인들은 십자가에서 죽으신 예수님의 무덤을 밤새 지켰어요.
네! 개미 새끼 한 마리 얼씬도 못하게 하겠습니다! 충성!
아무도 얼씬 못하도록 무덤을 잘 지켜야 한다. 알겠지?
② 제자들은 3일 후에 예수님의 무덤에 갔어요. 그런데 무덤 안은 텅 비어 있었어요.
누가 우리 예수님의 시체를 훔쳐갔나봐!
아니? 이곳에 누워계셨던 예수님이 어디 가셨지?
③ 그 때 무덤 밖에서 울고 있는 마리아에게 예수님이 나타나 말씀을 하셨어요.
여인아, 왜 울고 있느냐? 네가 누구를 찾고 있느냐?
저... 예수님의 시체를 어디에 옮겨 놓았는지 말씀해 주실 수 있나요? 흑흑흑..
④ 예수님이 마리아의 이름을 부르자 마리아는 깜짝 놀라며 예수님을 보았어요.
마리아야, 나를 만지지 마라. 내가 아직 아버지께로 가지 못했다. 곧 아버지께로 올라갈 것이다.
예수님....!
⑤ 저녁이 되자 예수님은 제자들에게도 나타나셨어요.
예수님이 다시 살아나셨다!
너희에게 평안이 있기를 바란다. 아버지께서 나를 보내신 것처럼 나도 너희들을 보낸다.
⑥ 일주일 뒤 예수님은 부활을 믿지 못하는 도마를 찾아가 말씀하셨어요.
예수님이 다시 살아나셨습니다. 할렐루야!
도마야, 네 손가락을 이리 내밀어 내 손을 만져보아라. 내 옆구리에 넣어 보아라.

단어 풀이 평강 걱정 없는 편안한 마음

말씀 배우기

1 예수님이 죽으신지 3일 후에 어떻게 되셨는지 스티커를 붙여보세요.

죽음

부활

2 부활하신 예수님께서 제자들에게 하신 말씀을 따라 써보세요.

너희에게

평 안 이 있기를 바란다!

말씀 다지기

1 빈칸에 알맞은 답을 적어 보세요.

1. 예수님의 무덤을 밤새 ☐☐☐이 지켰어요.
2. 3일 후에 제자들이 예수님의 무덤에 갔을 때 무덤은 ☐☐있었어요.
3. 무덤 밖에서 울고 있는 마리아에게 ☐☐☐이 나타나셨어요.
4. 제자들에게 예수님은 ☐과 ☐☐☐를 보여주셨어요.
5. 예수님은 다시 ☐☐☐☐☐☐.

정답 1. 군인들 2. 비어 3. 예수님 4. 손, 옆구리 5. 살아나셨어요

2 제자들이 부활하신 예수님을 보고 한 말을 쓰거나 선생님을 따라서 말해보세요.

예수님이 다시 살아나셨다!

____

____

말씀 따르기

1. 죽었다가 다시 살아날 수 있는 사람이 누가 있을지 생각해보고 말해보세요.
2. "예수님이 다시 살아나셨어요."라며 부활 소식을 친구들에게 3번 큰 소리로 외쳐보세요.

기도하기

예수님, 죽었다가 다시 살아나셔서 예수님만이 참 하나님임을 보여주셔서 감사합니다. ◯◯(이)에게도 의심없이 예수님의 부활을 믿을 수 있는 믿음을 주세요. 예수님 이름으로 기도합니다. 아멘.

예수님이

_______________ 에게

보내는

사랑의 메시지!

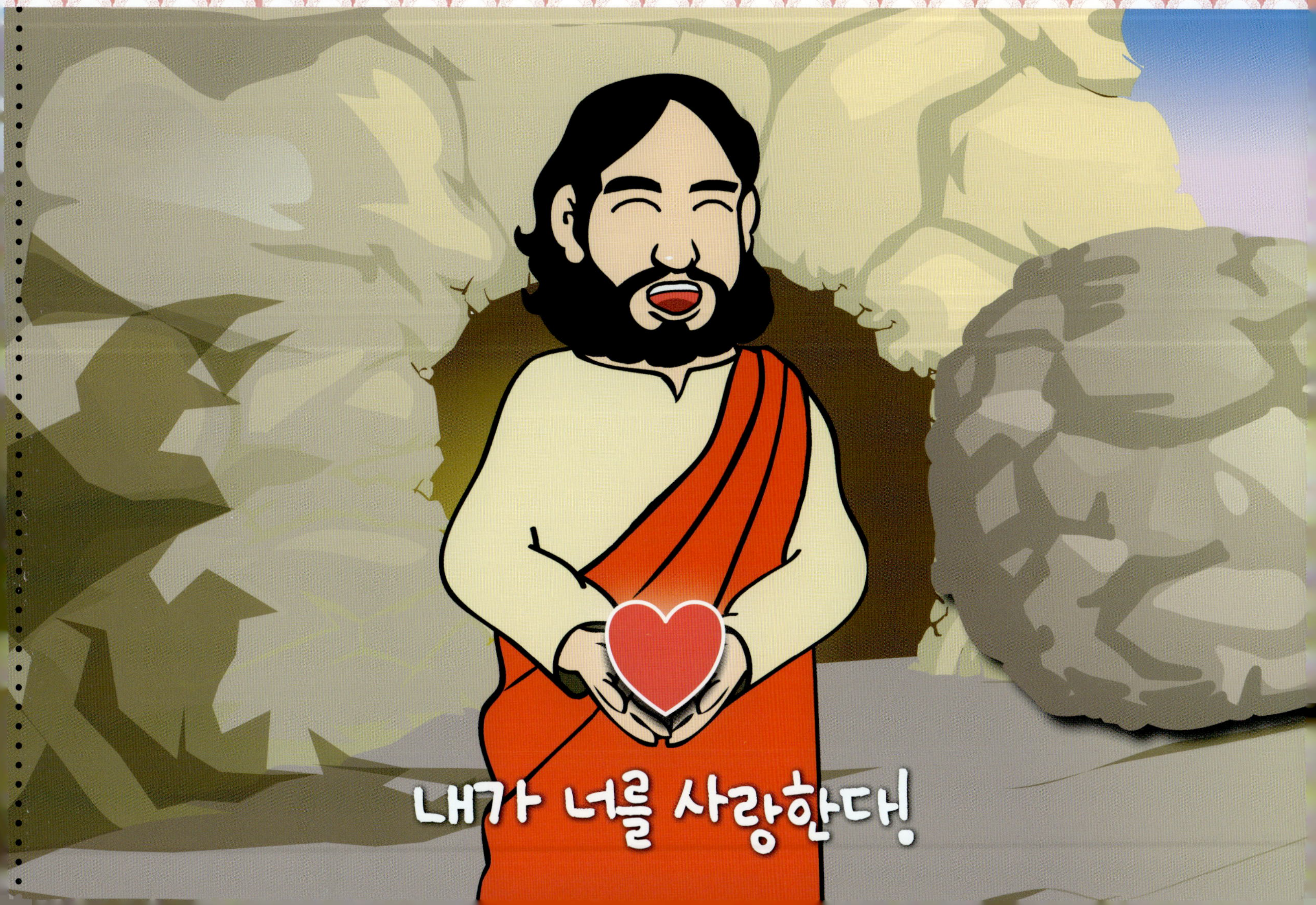
내가 너를 사랑한대!

안으로 접는 선

풀칠하는 곳

풀칠하는 곳

자르는 선

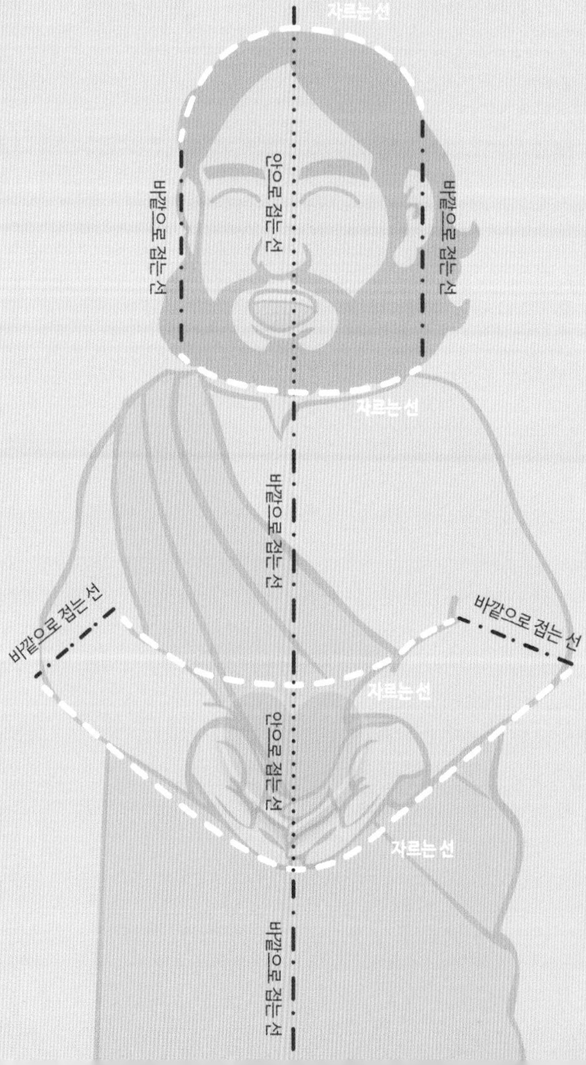

풀칠하는 곳

풀칠하는 곳

세상에서 가장 재미있는 갓스토리

두 번째 이야기

기적

STICKER 1

믿음의 사람들에게 보여주신
하나님의 가장 멋진 기적이야기!

5p

9p

13p

19p

내가 너를
지켜주고

21p

25p

29p

33p

놋뱀을
보면
살 것이다!

39p

41p

45p

나의 죄

49p

53p

세상에서 가장 재미있는 갓스토리

두 번째 이야기

기적

STICKER 2

믿음의 사람들에게 보여주신 하나님의 가장 멋진 기적이야기!

5p

9p

13p

19p

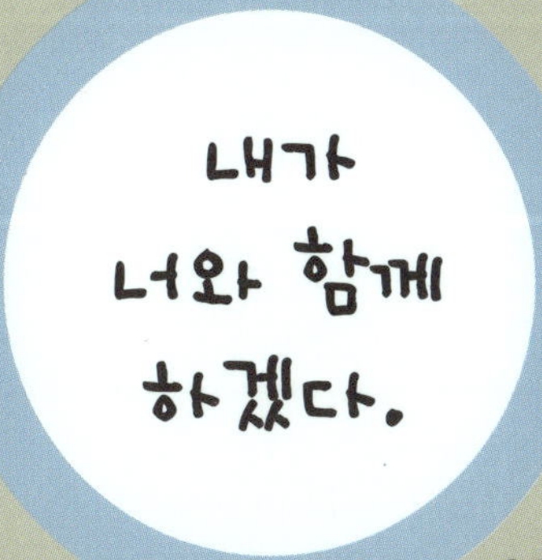
내가
너와 함께
하겠다.

21p

25p

29p

33p

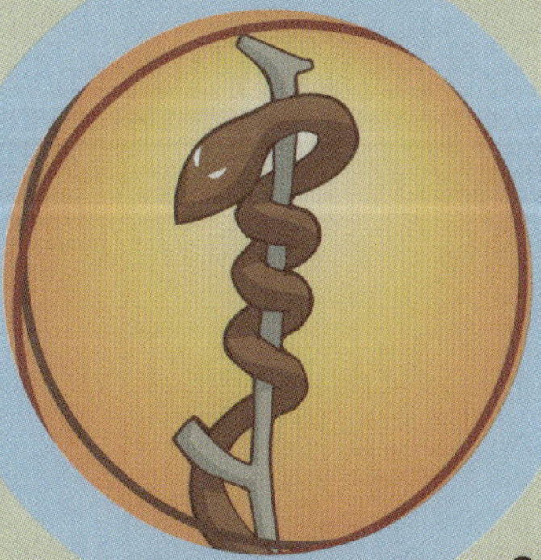

39p

41p

45p

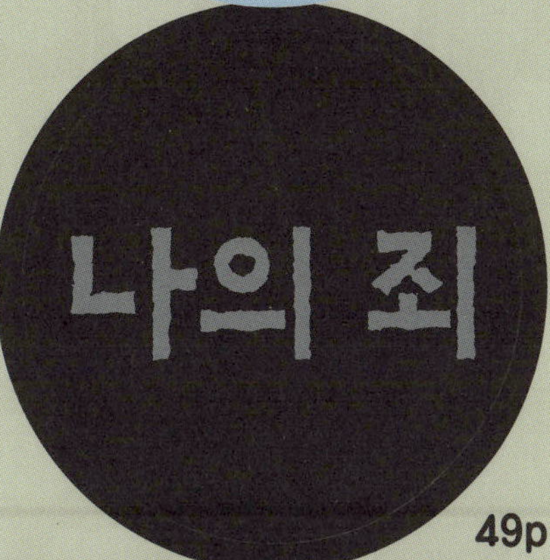
나의 죄

49p

53p